BIOGRAPHIE

DU

GÉNÉRAL CAVAIGNAC.

PARIS

TYPOGRAPHIE PLON FRÈRES,

36, RUE DE VAUGIRARD.

1848

BIOGRAPHIE

DU

GÉNÉRAL CAVAIGNAC.

CAVAIGNAC (Louis-Eugène) est né à Paris le 15 octobre 1802.

Le général Cavaignac a donc 46 ans.

C'est le deuxième fils de Jean-Baptiste Cavaignac, membre de la Convention et du Conseil des Cinq-Cents.

C'est le frère de Godefroy Cavaignac qui a joué un rôle si courageux dans les luttes engagées contre la Restauration et le gouvernement de Louis-Philippe, et dont la mémoire, comme celle d'Armand Carrel, est restée chère même à ses adversaires politiques.

Eugène Cavaignac, élève de l'école Polytechnique, entra en 1824 dans l'armée comme lieutenant au deuxième régiment du génie, et il fit ses premières armes dans l'expédition de Morée, en 1827.

Élevé dans toute la ferveur des idées républicaines, il ne dissimula jamais ses opinions ; et, malgré sa jeunesse, dès son entrée au service, grâce à la noblesse de son caractère, à sa capacité reconnue, à son attachement pour la discipline, à l'observation rigoureuse de tous ses devoirs, il sut obtenir des égards et le respect que les honnêtes gens ont pour les convictions profondes et désintéressées.

Il salua la révolution de Juillet avec enthousiasme; mais dès qu'il la vit dégénérer en un essai de monarchie constitutionnelle, qu'il pressentait devoir être stérile pour le bonheur du pays, il tourna toutes ses pensées, tous ses désirs vers une rénovation complétement démocratique, et en toute occasion, mais dans la limite que lui imposait le devoir militaire, il manifesta son opposition à la politique et au principe même du gouvernement. Ainsi, en 1831, lorsque parut le projet d'association nationale, il s'empressa d'y adhérer. Le gouvernement l'en punit par une suspension de quelques mois. Plus tard, ayant eu à s'expliquer avec son colonel sur la conduite politique qu'il voulait tenir et comme militaire et comme citoyen, et celui-ci lui ayant posé par écrit la question suivante : Si le régiment avait à se battre contre les républicains, vous battriez-vous? Cavaignac, sans hésiter, écrivit au-dessous de la question, *Non.*

Le gouvernement crut punir cette franchise en envoyant le jeune capitaine à l'armée d'Afrique. C'était lui donner l'occasion de servir son pays en dehors de la politique, et d'exercer les talents et l'activité qu'il sentait en lui.

Alors commença pour Cavaignac la vie de fatigues, de dangers, d'études, de privations, qu'il devait mener pendant seize ans, et qui le prépara au rôle qu'il était appelé à jouer un jour en France.

Dès les premières affaires où il se trouva, il se distingua sur-le-champ par ce courage calme et froid qui n'appartient qu'aux hommes supérieurs. Il prit part en 1833 aux combats en avant d'Oran, à l'expédition de Mascara en 1834, à celle de Tlemcen en 1836.

Le maréchal Clausel avait résolu de laisser dans cette ville, perdue dans le désert, loin des secours de la France, environnée de tribus ennemies, une petite garnison qui pût, pendant plusieurs mois, se suffire à elle-même et suppléer au nombre par la vigueur et l'intelligence. Il fallait pour la commander un officier d'élite, un de ces hommes qui aiment à se préparer à de hautes destinées par un rude apprentissage et par un laborieux essai de leurs facultés. Clausel confia cette mission de confiance à un simple capitaine, à Cavaignac; et celui-ci s'en montra si bien digne, que c'est à la défense de Tlemcen que commence réellement sa renommée militaire.

Avec des ressources presque nulles, dans cet avant-poste de la civilisation française aventuré au milieu des barbares, il sut bâtir des casernes et des hôpitaux, approvisionner ses troupes, se faire en même temps craindre et aimer des habitants, lutter contre les attaques continuelles des Arabes, diriger des expéditions sur leur propre territoire, enfin, combattre, administrer, gouverner pendant huit mois. L'occupation de Tlemcen est un des épisodes les plus curieux de notre guerre d'Afrique: on croirait lire une des plus belles pages de notre histoire des croisades.

Cavaignac, à sa sortie de Tlemcen, fut nommé chef de bataillon aux zouaves; mais comme on avait oublié de récompenser ses compagnons d'armes, il refusa généreusement ce grade jusqu'à ce qu'on leur eût rendu justice, avant de l'accepter pour lui-même. Ce fut en cette occasion que le général Bugeaud, dont le témoignage à l'égard du jeune officier républicain ne saurait être suspect, écrivit sur le défenseur de Tlemcen cette note qui désormais appartient à l'histoire :

Eugène Cavaignac est un officier instruit, ardent, zélé, susceptible d'un grand dévouement, qui, joint à SA HAUTE CAPACITÉ, *le rend propre* AUX GRANDES CHOSES, *et lui assure de l'avenir, si sa santé n'y met obstacle.*

Sa santé, en effet, avait été gravement altérée par les fatigues et les privations, et il se trouva forcé de rentrer en France. Ce fut alors qu'il écrivit sur notre conquête africaine le livre *De la régence d'Alger*, livre qui fut une révélation de la portée de son esprit à la fois critique et positif, pratique et investigateur.

Lorsque Abd-el-Kader eut violé le traité de la Tafna, Cavaignac reprit du service et fut nommé au commandement du deuxième bataillon d'infanterie légère d'Afrique. Cherchell venait d'être prise : il fut laissé avec ce bataillon à la garde de cette bicoque, et il y soutint pendant douze jours une série de combats acharnés, où sa valeur brilla d'un nouvel éclat et dans lesquels il fut blessé.

En 1840 il fut nommé lieutenant-colonel des zouaves, à la place de Lamoricière, déjà son ami et son frère d'armes. On sait ce que ce jeune officier avait su faire de ces aventuriers, de ces enfants perdus de toutes les nations, devenus sous sa main des hommes de fer, toujours prêts aux combats, toujours prêts à la marche, ne connaissant ni faim, ni soif, ni sommeil, ni repos, *mâchant de la poudre*, disaient les Arabes, *depuis le matin jusqu'au soir*. Avec Cavaignac ils continuèrent leur vie de combats perpétuels et de marches sans fin, tantôt à l'avant-garde pour pénétrer dans des pays inconnus, tantôt à l'arrière-garde pour soutenir ces retraites si difficiles à travers des populations acharnées, dans des montagnes ou des défilés à peine praticables.

Il nous serait impossible de raconter toutes les expéditions que fit Cavaignac à la tête de ses zouaves, les engagements de tous les jours, les courses précipitées, les coups de main, les surprises de cette guerre laborieuse, incessante et, pour ainsi dire, fastidieuse, par la similitude et la multiplicité des événements. Citons seulement la retraite de Milianah, en 1841, où, blessé de nouveau, il soutint néanmoins le choc de toutes les masses arabes avec un sang-froid et une intrépidité dignes de nos guerres de l'Empire Citons encore les combats de septembre 1842, dans les défilés de l'Oued-Fodda, où la petite colonne du général Changarnier montra tant de bravoure.

Cependant, à force de combats, à force de victoires, l'Algérie commençait à être soumise, et notre mission dans cette contrée n'était pas seulement de guerroyer, mais de coloniser. On songea alors à établir dans l'intérieur du pays des postes militaires destinés à devenir des centres de population, et nos jeunes généraux d'Afrique furent ainsi appelés à faire une sorte d'apprentissage de l'administration et du gouvernement.

Cavaignac fut chargé de la formation d'Orléansville; et par ses soins et son activité, un an après, là où était un désert, il y avait une petite ville, des casernes, une église, des cultures, etc.

Il fut alors nommé général de brigade et eut le commandement de la subdivision de Tlemcen. Il y continua son œuvre de conquête, d'administration et de colonisation. Il pacifia le pays par des expéditions fréquentes et lointaines, assura la rentrée des impôts, fit ouvrir des routes et bâtir des ponts, enfin s'occupa de l'embellissement de Tlemcen et des environs, du sort des cultivateurs et des colons, avec tant de sollicitude et d'intelligence, qu'elle semble aujourd'hui une ville demi-européenne.

Ces commencements de colonisation furent suspendus en 1845, quand Abd-el-Kader, alarmé de nos conquêtes pacifiques, fit un dernier effort pour arracher l'Afrique à notre domination en proclamant la guerre sainte. On sait comment, au bruit du désastre de Sidi-Brahim, toute la population courut aux armes; comment l'insurrection éclata à la fois dans toutes nos provinces, dans la plaine, dans les montagnes, sur la côte; comment nos villes, nos postes, nos camps furent insultés, attaqués, cernés par cent tribus fanatiques.

C'était surtout la province de Tlemcen, voisine du Maroc et des lieux de refuge d'Abd-el-Kader, qui était le centre de l'insurrection. Cavaignac s'y trouva enveloppé par les bandes arabes; mais il leur tint tête avec tant de vigueur, qu'il donna le temps à Lamoricière d'accourir à sa délivrance. Alors il commença, sous les ordres de cet intrépide et bouillant général, cette guerre de quatre mois, incessante, opiniâtre, où le fanatisme désespéré des Arabes vint enfin expirer sous les efforts infatigables de nos soldats.

Après un dernier combat, livré le 30 mars 1846, contre des masses soulevées par un thaleb fanatique du désert d'Angad, la tempête s'apaisa, le calme renaquit dans ces contrées si cruellement agitées, dévastées par la guerre, et Cavaignac put reprendre ses travaux pacifiques. Ce fut alors qu'il commença à coloniser le pays avec des éléments français, au moyen de soldats libérés du service qui devinrent propriétaires du sol et les meilleurs appuis de notre domination.

Cependant Abd-el-Kader n'était pas soumis, et l'on voulait lui fermer toute communication avec le sud par l'assujettissement des peuplades qui avoisinent le Grand-Atlas, en avant des portes du grand désert. Deux colonnes partirent de Tlemcen et de Mascara pour aller à plus de cent lieues de ces deux villes, à travers d'immenses solitudes, des steppes désolés, imposer à des barbares la domination française. Une de ces colonnes était commandée par Cavaignac; son expédition dura deux mois. A son retour, il vit arriver à Tlemcen les chefs des tribus vaincues qui venaient se reconnaître sujets de la France.

Enfin la prise d'Abd-el-Kader annonça au monde le triomphe définitif des armes françaises sur la terre d'Afrique. Lamoricière quitta le commandement de la province d'Oran, et Cavaignac en fut chargé.

Il y avait à peine deux mois qu'il continuait les plans de colonisation de son glorieux prédécesseur, lorsqu'une nouvelle inattendue et qui le remplit de joie arriva : la République venait d'être proclamée en France. Il était élevé au grade de général de division ; et le Gouvernement provisoire le chargeait de faire reconnaître la révolution par notre armée d'Afrique, en le nommant gouverneur-général de l'Algérie.

Cavaignac s'acquitta de cette tâche difficile avec autant de sagesse que de vigueur : on sait qu'il succédait à un prince d'Orléans estimé de l'armée, et dont l'infortune excitait dans notre pays, toujours généreux, une respectueuse pitié. Et le prince et le général, l'un en prenant, l'autre en quittant le commandement, montrèrent une égale dignité.

Dès qu'on sut avec quel enthousiasme l'avénement de la République avait été accueilli dans la colonie, le Gouvernement provisoire nomma Cavaignac ministre de la guerre. Il avait été désigné par Lamoricière, dès le 24 février, comme le seul homme capable de remplir ces fonctions, dans la situation si difficile où se trouvait le pays. Mais Cavaignac refusa.

Cependant quand il eut été nommé représentant du peuple par les électeurs de la Seine et du Lot, il demanda et obtint de venir siéger à l'Assemblée nationale. Il arriva à Paris le lendemain du jour où l'Assemblée avait été envahie par des factieux et la République menacée de ruine par une minorité que ses prédications insensées avaient pervertie. La situation était plus périlleuse que jamais ; toute considération personnelle devait céder devant les besoins du pays : Cavaignac accepta le ministère de la guerre.

Il y avait à peine un mois qu'il était occupé à réorganiser l'armée, à retremper son moral ébranlé par la révolution de février, à faire de son dévouement et de son énergie le rempart de la République contre l'anarchie, lorsque la guerre civile éclata dans les rues de Paris.

Dès que Cavaignac avait paru dans l'Assemblée, dès qu'on eut été à même d'apprécier son patriotisme, son caractère, sa haute intelligence ; dès qu'on eut entendu sa parole brève, sensée, honnête, Cavaignac avait conquis toute la confiance de ses collègues. Aussi quand on vit, aux premiers coups portés par les factieux, que les destinées de la France, que l'existence même de la société étaient en jeu dans cette terrible bataille, il n'y eut pas la moindre hésitation ; l'Assemblée fut unanime à concentrer tous les pouvoirs entre ses mains, à lui confier la dictature militaire, et à ajouter ainsi aux pouvoirs que la Commission exécutive lui avait confiés comme général en chef de toutes les forces de Paris.

A l'instant même son plan de combat fut fait, et ses anciens généraux, Lamoricière, Bedeau, Négrier, vinrent avec un dévouement héroïque se mettre sous ses ordres pour l'exécuter. Mais l'on ne saurait croire quelle force d'esprit, quelle énergie de caractère, quelle profondeur de conviction il dut déployer pour y persévérer, pour le conduire jusqu'à la fin, et cela pendant quatre jours ! quatre jours de cette bataille unique dans notre histoire ! quand généraux, officiers, soldats, gardes nationaux, gardes mobiles, un saint prélat lui-même ! tombaient en foule sous les coups des insurgés ; quand, dissimulant sous un visage impassible ses poignantes douleurs et renfonçant dans son cœur ses larmes patriotiques, il était assailli par les terreurs des uns, les plaintes des autres, les avis, les nouvelles les plus absurdes, les plus effrayants ; quand il allait lui-même affronter le feu le plus terrible, entraînant sur ses pas les jeunes mobiles, résistant aux supplications de ses officiers par ces paroles sublimes : *Et qui donc apprendra à ces enfants à mourir?* quand son âme pleine de feu, de générosité, de désespoir, s'épanchait dans ces proclamations historiques où les mots ne sont que des cris du cœur :

« Au nom de la patrie ensanglantée, au nom de la République que vous allez perdre, au nom du travail que vous demandez et qu'on ne vous a jamais refusé, mettez bas vos armes fratricides.... Ah ! si une pareille lutte pouvait se prolonger, il faudrait désespérer de la République dont vous voulez tous assurer le triomphe.... Dans Paris je vois des vainqueurs, des vaincus; que mon nom soit maudit, si je consens jamais à n'y voir que des victimes ! »

Ces jours-là, oui — et je sens au fond de mon cœur que ma voix est celle de l'histoire, qu'elle sera celle de la postérité, — oui ! Eugène Cavaignac fut un grand citoyen !

Aussi, quand le succès, grâce aux efforts de tant de braves citoyens, eut couronné ces combinaisons profondes, il n'y eut qu'un cri d'admiration et de reconnaissance pour Cavaignac; toute la France invoquait son nom; toute la France respirait en sûreté à l'abri de cette épée loyale et énergique; toute la France se sentait fière, heureuse, de ces jeunes généraux d'Afrique qui s'étaient trouvés là comme portés par la main de Dieu pour la sauver. Oh ! alors, il n'y avait pas place pour la haine, l'envie, l'injure, la calomnie !

Aussitôt que la victoire eut été décidée, Cavaignac vint, avec une simplicité antique, remettre ses pouvoirs à l'Assemblée nationale; et il le fit en des termes que Rome aurait été heureuse d'écrire dans ses annales :

« Prêt de rentrer au rang de simple citoyen, je

reporterai au milieu de vous le souvenir civique de n'avoir repris à la liberté que ce que le salut de la République lui demandait lui-même, et de léguer un exemple à quiconque pourra être à son tour appelé à remplir d'aussi grands devoirs. »

L'Assemblée répondit à cette magnanime abdication en le nommant président du conseil des ministres, chargé du pouvoir exécutif, c'est-à-dire président provisoire de la République.

Depuis quatre mois Cavaignac, dans l'exercice de ses fonctions difficiles, est resté à la hauteur de la position qu'il avait prise pendant les cruelles journées de juin. Sa politique, au dehors comme au dedans, a été droite, simple, probe, sans ambages, sans détours, à ciel ouvert; faisant appel à tous les hommes de bonne volonté, il n'a eu qu'une pensée, qu'un but, qu'une passion: ramener la confiance, apaiser les haines et les préventions, rallier tous les partis sous les drapeaux de la République, dans le sentiment unique de l'amour de la patrie.

C'est la conduite qu'il a tenue surtout à l'Assemblée nationale, où, en résistant aux esprits impatients qui voudraient devancer le temps, comme en encourageant les hommes timides qui hésitent à marcher dans la voie du progrès, il a su garder, dans les jours de calme, toute la confiance que lui vouait la représentation nationale dans les jours de danger. Toutes les fois qu'il apparaît à la tribune avec sa figure martiale, sa taille élancée, son geste plein de noblesse, il se fait un profond silence, et la bienveillance universelle accueille toutes ses paroles. A cette tribune où les fausses réputations échouent si rapidement, il s'est fait une place à part, par un talent oratoire tout à fait original, une éloquence particulière qui part du cœur et de la raison, une parole nette, sobre, concise, calme, qui reflète toujours une grande élévation de caractère, un profond respect pour l'opinion et les sentiments du pays. Sa langue est celle des hommes sérieux et pratiques, des hommes d'action et de guerre qui ont déjà beaucoup fait, qui se sentent propres à faire plus encore.

Il y a quelques jours un représentant contesta, dans des termes qui excitèrent l'indignation de l'Assemblée, les services et les talents du jeune général qui avait jadis sous ses ordres Cavaignac, et qui aujourd'hui, avec un noble désintéressement et la plus touchante fraternité, lui obéit comme ministre de la guerre. Cavaignac s'élança à la tribune, et avec une émotion grave et une dignité sévère, un élan et une chaleur d'âme qui électrisèrent toute l'Assemblée, il dit :

« M. le général Lebreton en regardant M. le ministre de la guerre sur son banc, a parlé de *hasard* et de fortune. M. le général Lebreton était comme moi sur la terre d'Afrique, il y est resté longtemps. Il sait si c'est le hasard ou la fortune qui ont amené cet homme là où il est.

» Quant à moi, citoyens, si j'avais une surprise à exprimer, moi qui l'ai vu pendant quinze ans, c'est de le voir au second rang quand je suis au premier.

» Ce qui m'étonne, monsieur, c'est que vous qui étiez là comme nous, vous n'ayez pas trouvé d'autre motif à son élévation que la fortune ou le hasard. »

L'effet de ces paroles fut sublime. Toute l'Assemblée se leva transportée et couvrit d'applaudissements les deux nobles frères d'armes.

Tel est l'homme qui se présente aujourd'hui aux suffrages de la nation avec la triple grandeur du caractère, des talents et des services. Que la France juge, et surtout qu'elle se souvienne !

www.ingramcontent.com/pod-product-compliance
Lightning Source LLC
LaVergne TN
LVHW010336230826
846091LV00009B/3901

9782013695541